CHINESE GHOST STOR

MYSTICAL TALES OF THE NETHERWORLD

鬼故事集：幽冥奇谈

PART 23

XINXIN WANG

王信昕

ACKNOWLEDGEMENTS

I would like to express my sincere gratitude to the ancient Chinese storytellers whose imagination and creativity have given birth to these enchanting tales. My thanks also go to the scholars and researchers who have translated and preserved numerous Chinese stories for future generations. Without reading those stories, this work wouldn't have been possible. Lastly, I am grateful to my readers for embarking on this journey through the world of Chinese folklore and mythology. Thank you for your interest and support.

INTRODUCTION

Welcome to the world of Chinese ghost stories, a realm where the veil between the living and the dead is thin, and the unexpected and unexplained are commonplace. This collection of 15 to 20 chilling tales, drawn from the rich cultural heritage of China, invites you on a journey through a land where the supernatural intertwines with the mundane, and where the past and present merge in a tapestry of mystery and wonder.

For centuries, Chinese people have been fascinated by the world of ghosts and spirits, weaving tales of the afterlife into their folklore, mythology, and literature. These stories have been passed down through generations, each one imbued with a unique blend of horror, humor, romance, and morality. They reflect the beliefs, fears, and aspirations of the Chinese people, offering insights into their worldview and their relationship with the supernatural.

In this book, you will encounter a diverse cast of ghostly characters, from vengeful spirits seeking justice to benevolent phantoms offering guidance and protection. You will be swept away by tales of haunted mansions, cursed treasures, and eerie encounters with the undead. As you delve deeper into the pages, you will discover that these stories are not just about fear and terror, but also about love, redemption, and the human spirit's unyielding quest for truth and understanding.

Whether you are a fan of horror fiction, intrigued by Chinese culture, or simply looking for a thrilling read, this book of Chinese ghost stories is sure to captivate your imagination and leave you breathless with suspense. So, gather your courage, light a candle, and prepare to embark on a spine-tingling adventure through the haunted landscapes of the Chinese imagination.

CONTENTS

CHAPTER 1: 古镜照心：幽冥人心鉴

《古镜照心：幽冥人心鉴》

Gǔ Jìng Zhào Xīn: Yōumíng Rénxīn Jiàn

Ancient Mirror Reflects the Heart: A Mirror of Human Nature in the Underworld

在清朝乾隆年间，江南有一小镇，名曰烟雨镇。镇上有一户人家，世代以制镜为生，所制之镜，晶莹剔透，能照人心。至这一代，家主名曰云逸，手艺超群，更得家传古镜一枚，相传此镜能照见幽冥，洞察人心最深处之善恶。

云逸年近三十，尚未娶妻，只因他深知人心难测，世间女子多贪慕虚荣，难寻真心相待之人。一日，云逸于深夜独坐书房，手中摩挲着那枚古镜，心中暗自思量："世间万物，皆可映照于镜中，唯独人心难测。若此镜真能照见幽冥，何不借此一试，寻一真心相待之人？"

言罢，云逸轻启镜盖，只见镜中光芒一闪，随即画面流转，竟显现出镇上一名女子，名唤晴雪。晴雪自幼家贫，却心性善良，勤劳持家，常于夜间偷偷织布补贴家用，从无怨言。云逸见状，心中一动，暗想："此女心性纯良，或可一试。"

次日，云逸借故至晴雪家拜访，二人一见如故，相谈甚欢。云逸更以制镜为由，赠晴雪一面小镜，实则乃古镜之复制品，虽无照见幽冥之能，却能映照人心之善恶。晴雪接过镜子，爱不释手，每日必对镜梳妆，却不知其中奥秘。

时光荏苒，二人感情日笃，云逸终决定向晴雪坦白一切，包括那枚古镜的秘密。晴雪听后，非但未惧，反笑道："人心善恶，自在人心，镜中映照，不过表象。我愿以真心相待，不求镜中虚实。"

云逸闻言，感动不已，二人遂定终身。然而，此事却引起了镇上一些人的嫉妒与不满，他们暗中散布谣言，称晴雪乃妖女，能迷惑人心，更有人妄图夺取那枚古镜，以求长生不老。

一日深夜，云逸家突遭盗贼入侵，古镜被盗。云逸与晴雪心急如焚，深知古镜落入恶人之手，必将引发大祸。二人决定联手，踏上寻镜之旅。

历经千辛万苦，二人终在一处荒废的古庙中找到了盗贼，并夺回了古镜。然而，就在此时，古镜突然光芒大盛，将盗贼照得原形毕露，原来他竟是一百年前因作恶多端而被打入幽冥的恶鬼，一直潜伏人间，企图寻找机会重返阳间。

云逸与晴雪合力，借助古镜之力，终将恶鬼封印回幽冥。此事过后，二人更加珍惜彼此，深知真爱无敌，人心之善，足以战胜一切邪恶。

从此，云逸与晴雪在烟雨镇过上了幸福的生活，而那枚古镜，也被他们视为珍宝，世代相传，成为了一段佳话。世人皆言，古镜照心，不仅照见了幽冥，更照见了人心之善恶，提醒着后人，唯有真心相待，方能换得世间真情。

此故事虽为虚构，却寓含深意，通过一枚古镜，展现了人心的复杂与美好，以及真爱与勇气的力量。正如聊斋志异中诸多故事所述，世间万物皆有灵性，人心善恶，自在人心，唯有真心相待，方能洞察世间真情。

CHAPTER 2: 荒山奇遇录：人鬼情未了

《荒山奇遇录：人鬼情未了》

Huāng Shān Qí Yù Lù: Rénguǐ Qíng Wèiliǎo

Adventures in the Wilderness: Unbreakable Love Between Man and Ghost

在清朝康熙年间，江南地区有一书生，名曰墨轩，因家境贫寒，常需长途跋涉，赴深山老林采集草药，以换取生活所需。一日，墨轩行至一处人迹罕至的荒山，忽闻林间传来阵阵琴声，悠扬动听，不似人间所有。

墨轩心生好奇，循声而去，只见一女子坐于溪边石上，怀抱古琴，容颜绝美，宛如仙子下凡。女子见墨轩，微微一笑，道："公子何来？此地少有人迹，莫非也是为琴声所引？"

墨轩拱手作揖，道："在下墨轩，因家境贫寒，常来此山采集草药。适才闻琴声悠扬，如痴如醉，特来探访。"

女子闻言，眼中闪过一丝黯然，道："妾身名唤幽兰，本是此地一富户之女，不幸早年病逝，葬于此山。因生前酷爱音律，魂魄不散，常于夜深人静之时，抚琴以寄哀思。"

墨轩听后，心生怜悯，道："幽兰小姐，人鬼殊途，然你琴声如此动人，定非恶灵。在下愿每日来此，听你抚琴，如何？"

幽兰闻言，眼中闪过一丝惊喜，道："公子若不嫌弃，妾身愿每日在此等候。"

自此，墨轩每日必至，二人或抚琴赏花，或谈诗论道，情愫渐生。墨轩虽知人鬼之恋难有善终，却已无法自拔，只愿与幽兰共度此生。

然而，好景不长，一日，墨轩在山中偶遇一游方道士，道士见墨轩身上有鬼气缠绕，便道："公子身上有鬼魅之气，恐已与人鬼相恋。人鬼殊途，若不及时断绝，必将招致灾祸。"

墨轩闻言，心如刀绞，却仍坚持道："道长，在下与幽兰小姐情投意合，虽知人鬼难恋，却愿为她冒天下之大不韪。"

道士摇头叹息，道："公子执迷不悟，贫道也无能为力。只望你好自为之，莫让一时之欢，毁了终生。"

墨轩回到与幽兰相约之地，将道士之言告知。幽兰听后，泪如雨下，道："墨轩公子，妾身虽为鬼魂，却深知你心。你若因我而招致灾祸，妾身岂能安心？不如……"

话未说完，幽兰已化作一缕青烟，随风飘散。墨轩见状，悲痛欲绝，却也只能仰天长叹，接受这段无果之恋。

然而，奇迹却在此时发生。原来，幽兰虽化为青烟，但其魂魄并未消散，而是被山间一株千年古树所吸纳。那古树因年深日久，已具灵性，见幽兰情深意重，便将其魂魄护佑于内，使其得以在人间与墨轩继续相守。

从此，墨轩每日至古树前，轻抚树干，仿佛能听见幽兰的琴声与低语。二人虽不能相见，但心灵相通，情感依旧。世人皆言，此乃人鬼之恋中的奇迹，见证了爱情的力量足以超越生死，跨越幽冥。

此故事虽为虚构，却寓含深情，展现了人鬼之间超越生死、真挚不渝的爱情。正如聊斋志异中诸多故事所述，世间万物皆有情，唯真爱永恒，足以跨越一切界限，成就一段段不朽的传奇。

CHAPTER 3: 狐仙之泪：幽冥之泪滴

《狐仙之泪：幽冥之泪滴》

Húxiān Zhī Lèi: Yōumíng Zhī Lèidī

Fox Spirit's Tears: Tears from the Underworld

在清朝末年，江南水乡有一小村，名曰柳月村。村中流传着一则关于狐仙的传说，相传狐仙居于深山，修炼千年，能通人性，更擅幻化之术。村中老少，皆对狐仙敬畏三分，既惧其妖力，又慕其神通。

村中有一书生，名曰子瑜，自幼丧父，与母相依为命。子瑜性情温文尔雅，好学不倦，常于月下苦读，以求科举高中，光耀门楣。一日深夜，子瑜正埋首于书卷之中，忽闻窗外传来轻柔的歌声，宛如天籁，令人心旷神怡。

子瑜抬头望去，只见窗外月色朦胧，一女子立于树下，身影婀娜，面容绝美，正是那传说中的狐仙。狐仙名唤灵韵，修炼千年，因感念人间真情，常于夜深人静之时，现身人间，聆听世人心声。

灵韵见子瑜勤奋向学，心生敬意，遂化作一缕青烟，飘入书房，与子瑜共叙。二人月下长谈，从诗词歌赋聊到人生哲理，竟觉相见恨晚。灵韵更以幻化之术，为子瑜展现世间奇观，令子瑜大开眼界。

自此，灵韵夜夜来访，与子瑜共度良宵。子瑜亦知狐仙与人类之恋，必遭天谴，然情之所至，难以自禁。灵韵则誓言："纵使天地不容，吾亦要与君相守，幽冥之间，永不分离。"

然而，好景不长，子瑜之母忽患重病，卧床不起。子瑜心急如焚，遍访名医，皆束手无策。灵韵见状，心生怜悯，决定前往幽冥界，寻求救治之法。

幽冥界中，鬼魂众多，阴森恐怖。灵韵凭借千年修为，历经千辛万苦，终在奈何桥畔，寻得一鬼医。鬼医告知，唯有幽冥之泪，方能救治子瑜之母。幽冥之泪，乃幽冥界中至纯至净之物，非有大善大勇之人，难以得之。

灵韵闻言，毫不犹豫，决定以自己的修为，换取幽冥之泪。她跪于奈何桥前，向冥界之主恳求，愿以自己的千年修为，换取一滴幽冥之泪。冥界之主感其情深，终允其所求。

灵韵手持幽冥之泪，匆匆返回人间。然而，当她赶回柳月村时，却只见子瑜之母已撒手人寰，子瑜悲痛欲绝，正欲随母而去。灵韵见状，泪如雨下，将幽冥之泪滴入子瑜之母口中。奇迹发生，子瑜之母竟缓缓睁开眼睛，重获新生。

然而，灵韵却因失去千年修为，身形渐淡，即将消散于天地之间。子瑜见状，心如刀绞，紧紧抱住灵韵，誓要与其共赴幽冥。灵韵含泪笑道："君若不弃，吾愿以灵魂之力，护佑你一生平安。从此，幽冥之间，你我永不相见，但心中之情，永不磨灭。"

言罢，灵韵化作一缕青烟，随风飘散。子瑜望着灵韵消失的方向，泪流满面，心中却充满了感激与不舍。他深知，灵韵虽已离去，但那份深情厚意，将永远铭记于心，成为他一生中最宝贵的回忆。

此故事虽为虚构，却寓含深情，展现了狐仙与人类之间超越种族、真挚不渝的爱情。正如聊斋志异中诸多故事所述，世间万物皆有情，唯真爱永恒，足以跨越生死，成就一段段不朽的传奇。

CHAPTER 4: 荒山老槐：幽冥之树泣
《荒山老槐：幽冥之树泣》

Huāng Shān Lǎo Huái: Yōumíng Zhī Shù Qì

The Ancient 槐 Tree in the Wilderness: Tears of the Underworld

在清朝乾隆年间，江南地区有一荒凉的山脉，名为幽影山。山中林木葱郁，却人迹罕至，常有野兽出没，村民皆避而远之。山脚下，有一棵古老的槐树，树干粗壮，枝叶繁茂，据说已有千年历史，被当地人视为神树，每逢节日，便有人前来祭拜祈福。

然而，这棵老槐树下，却隐藏着一个不为人知的秘密。相传，数十年前，此地曾有一户人家，男主人名唤云逸，与妻子晴雪恩爱有加，却因一场突如其来的瘟疫，夫妻二人相继离世，被草草葬于老槐树下。晴雪临终前，含泪对云逸说："吾夫，你我虽不能同生，但愿死后灵魂能化作这棵槐树下的守护之灵，生生世世，永不分离。"

自那以后，每当夜深人静，老槐树下便常有诡异的哭声传来，宛如女子哀怨的泣诉，令人毛骨悚然。村民们都说，那是晴雪的鬼魂在寻找云逸的灵魂，试图再次相聚。

一日，村中来了一位年轻的书生，名曰子轩，因家道中落，流落至此，暂居于山脚下一间破败的小屋中。子轩性好读书，常于月下苦读，以求科举高中，重振家业。一日深夜，子轩正埋首于书卷之中，忽闻窗外传来阵阵哭声，凄厉哀怨，令人心悸。

子轩心生好奇，放下书本，循声而去，只见月光下，老槐树下，一道人影若隐若现，正是那传说中的晴雪鬼魂。晴雪见子轩，含泪诉说道："公子，妾身乃此地鬼魂，与夫君云逸相约于此，然阴阳相隔，难以相见。公子若有办法，让妾身与夫君重逢，妾身愿以身相许，永不分离。"

子轩闻言，心生怜悯，决定帮助晴雪。他遍访名山大川，寻求道士高人，终在一处隐秘的道观中，遇见一位得道高人。高人告知，要解晴雪与云逸之困，需找到幽冥之门的钥匙，打开幽冥之门，让二人灵魂得以相见。

子轩历经千辛万苦，终在一处荒废的古墓中，找到了幽冥之门的钥匙——一枚古老的玉佩。他带着玉佩，匆匆返回幽影山，在老槐树下，借助月光之力，打开了幽冥之门。

只见一道光芒闪过，云逸的灵魂从幽冥之门中缓缓走出，与晴雪紧紧相拥，泪水交织，诉说着彼此的思念与不舍。二人感谢子轩的大恩大德，承诺将永远守护这片山林，保护子轩免受一切伤害。

然而，当幽冥之门关闭，一切归于平静后，子轩却发现，自己与晴雪、云逸之间，已建立了一种难以言喻的联系。每当夜深人静，他总能感受到老槐树下传来的温暖与安宁，仿佛晴雪与云逸的灵魂，正默默守护着他。

从此，子轩在荒山中定居下来，与老槐树为伴，每日读书写作，过着与世无争的生活。而晴雪与云逸，则化作了老槐树下的守护之灵，用他们的爱情故事，激励着每一个路过此地的旅人，相信真爱无敌，即使跨越生死，也能成就一段不朽的传奇。

此故事虽为虚构，却寓含深情，展现了人鬼之间超越生死、真挚不渝的爱情。正如聊斋志异中诸多故事所述，世间万物皆有情，唯真爱永恒，足以跨越一切界限，成就一段段不朽的传奇。

CHAPTER 5: 镜花水月缘

《镜花水月缘》

Pinyin: Jìng Huā Shuǐ Yuè Yuán

English Version of the Title: Illusory Reflection of Flowers and Moonlight

在江南水乡的一隅，有一座古朴的小村庄，名曰柳月村。村中有一条清澈见底的溪流，名曰镜水，因水面平静如镜，能映照出岸边繁花似锦，月夜之下更是美不胜收，故有此名。村中流传着一个关于镜水与一位美丽女鬼的古老传说，名曰《镜花水月缘》。

故事始于清朝末年，柳月村里住着一位年轻的书生，姓苏名逸尘。苏逸尘自幼饱读诗书，性情温文尔雅，却因家道中落，只得在村中的私塾里教书为生。每当夜深人静之时，他总爱漫步至镜水旁，借着月光诵读诗书，享受着那份难得的宁静与清幽。

一日深夜，月华如练，苏逸尘正沉浸于《诗经》的韵律之中，忽闻水面上传来一阵悠扬的歌声，宛如天籁之音，直击心灵。他循声望去，只见镜水中央，一位身着古装、面容绝美的女子正坐于一朵盛开的荷花之上，轻抚琴弦，吟唱着不知名的曲调。那女子仿佛画中走出的仙子，超凡脱俗，令人心生向往。

苏逸尘惊为天人，却不敢贸然打扰，只是静静地站在岸边，聆听这天籁之音。一曲终了，女子似乎察觉到了他的存在，轻轻一笑，随即化作一道白光，消失在了镜水之中，只留下一缕淡淡的清香，萦绕在苏逸尘的心头，久久不散。

自那以后，每当月圆之夜，那女子便会出现于镜水之上，与苏逸尘共赏月色，对诗吟歌。两人虽未曾有过肌肤之亲，但心灵相通，仿佛前世注定，有着不解之缘。女子自称名为月华，乃前朝贵族之女，因一场冤案，香消玉殒，魂魄未能安息，便徘徊于此，等待着有缘人的解救。

随着时间的推移，苏逸尘与月华的感情日益深厚，他们谈论古今，共话桑麻，仿佛一对神仙眷侣，忘却了尘世的烦恼。然而，好景不长，村中开始流传起关于镜水女鬼的谣言，说她会迷惑人心，带来不祥。村民们惶恐不安，纷纷要求苏逸尘远离那神秘的女子。

面对村民的误解与压力，苏逸尘心中痛苦万分，但他坚信月华并非恶灵，而是他此生挚爱。他决定寻找解救月华的方法，让她得以安息，重入轮回。经过一番苦寻，苏逸尘终于在一本古籍中找到了破解之法——需以真心之血，洒在月华消失之处，再念诵往生咒，方可助其超脱。

于是，在一个月圆之夜，苏逸尘带着一把锋利的匕首，来到了镜水旁。他咬破指尖，将鲜血滴入水中，同时虔诚地念诵起往生咒。随着咒语的回响，镜水面上泛起了层层涟漪，月华的身影再次显现，她的眼中闪烁着泪光，似乎明白了苏逸尘的牺牲与深情。

"逸尘，你何必如此？"月华的声音带着几分哀怨与不舍。

"为了能让你安息，我愿意付出一切。"苏逸尘坚定地说。

月华闻言，轻轻一笑，随即化作一道璀璨的光芒，融入了镜水之中，从此再无踪迹。而镜水之上，却留下了一朵永不凋零的荷花，每当月圆之夜，便会散发出淡淡的幽香，仿佛在诉说着这段超越生死的爱恋。

自那以后，苏逸尘再未娶妻，他将所有的情感都寄托在了那朵荷花之上，每日清晨，他都会来到镜水旁，为荷花浇水、除草，仿佛月华从未离开过他的世界。《镜花水月缘》的故事也在柳月村中流传开来，成为了人们茶余饭后津津乐道的佳话，见证了一段超越时空的深情厚谊。

CHAPTER 6: 古镜迷踪：幽冥探寻路

古镜迷踪：幽冥探寻路

Gǔ Jìng Mí Zhōng: Yōu Míng Tàn Qún Lù

The Ancient Mirror's Mystery: Pathway to the Netherworld's Exploration

在清朝末年，江南水乡有一小镇，名曰柳溪镇。镇上有一户书香门第，姓苏，世代以读书传家。苏老爷子一生痴迷于古玩，家中藏宝无数，其中最令人称奇的，便是一面相传自汉代的青铜古镜。此镜镜面光滑如新，背面则刻有繁复的云龙纹饰，每当夜深人静之时，镜中似乎有幽光闪烁，令人心生寒意。

苏老爷子晚年得一独子，名曰子瑜，自幼聪明好学，对父亲收藏的古玩也颇有兴趣。一日，苏老爷子病重，将子瑜唤至床前，颤巍巍地从枕下取出那面古镜，语重心长地说："瑜儿，此镜非同小可，我观之多年，觉其内有乾坤，但未敢深究。今我命不久矣，望你能继承吾志，探寻其秘。"言罢，老爷子撒手人寰，留下子瑜与古镜相对，满心疑惑。

子瑜遵父遗命，开始研究古镜。他翻阅古籍，遍访名士，却始终不得要领。一日深夜，子瑜独坐书房，对着古镜沉思，忽见镜中幽光大盛，一阵阴风吹过，镜中竟显现出另一个世界——那是一个云雾缭绕、阴森可怖的幽冥之境。子瑜惊讶之余，发现镜中有一模糊身影，似乎在向他招手，引诱他进入那未知的世界。

好奇心驱使下，子瑜鼓起勇气，伸手触摸镜面，瞬间被一股强大的力量吸入镜中。他发现自己置身于一条幽暗的长廊，四周是冰冷的石壁，长廊尽头有一扇紧闭的石门，门上刻有古老的符咒。子瑜正欲上前查看，忽闻身后传来轻微的脚步声，回头一看，竟是那镜中见过的模糊身影，此时已化作一位身披黑袍、面容苍白的男子。

"欢迎来到幽冥界，凡人。"男子声音低沉而空洞，"我是这镜中世界的守护者，名曰幽冥使。你既已至此，便是有缘人，愿否随我探寻这镜中奥秘？"

子瑜虽心存畏惧，但想到父亲的遗愿，毅然点头答应。幽冥使领着他穿过长廊，打开石门，进入一个广阔无垠的地下宫殿。宫殿内烛火通明，四周陈列着各式各样的奇珍异宝，中央则是一汪幽深的泉水，泉水中央漂浮着一本泛黄的古书。

幽冥使解释道："此乃幽冥宝典，记录了天地间诸多未解之谜，包括这面古镜的来历与力量。但宝典非一般人所能阅读，需以真心诚意与无畏之心方能开启。"

子瑜虔诚上前，双手捧起宝典，心中默念父亲的名字与遗愿。刹那间，宝典光芒四射，一行行文字跃然纸上，原来这面古镜乃上古神器，能沟通阴阳两界，但使用不当亦会引来灾祸。苏老爷子当年偶得此镜，因畏惧其力量，始终未敢深究。

子瑜读罢宝典，心中明了，决定带着古镜与宝典返回人间，以智慧与勇气守护这份力量，不让其落入恶人之手。幽冥使见他心意已决，微微一笑，挥手间，子瑜再次被一股力量包裹，待他睁开眼时，已回到了自己的书房，手中紧握着古镜与宝典。

自此，子瑜不仅继承了父亲的藏书与古玩，更承担起守护古镜与幽冥宝典的重任。他潜心研究，用所学智慧帮助了许多人，也使得柳溪镇因他的善行而闻名遐迩。而那面古镜，在子瑜的守护下，再未显露出任何异样，成为了一段传奇的见证。

CHAPTER 7: 幽冥茶舍：一壶幽冥香

幽冥茶舍：一壶幽冥香

Yōu Míng Chá Shè: Yī Hú Yōu Míng Xiāng

The Netherworld Teahouse: A Kettle of Netherworld Aroma

在清朝末年，江南水乡深处，有一座被雾气缭绕的小镇，名为雾隐镇。镇上有一间不起眼的茶舍，名为"幽冥茶舍"，相传此茶舍夜晚营业，只接待有缘人，所泡之茶，名为"幽冥香"，能解世间万般愁苦，亦能引出人心深处的秘密。

茶舍的主人是一位年迈的老者，人称"幽冥翁"。他面容慈祥，双眼却似能洞察人心。每当夜幕降临，茶舍内便灯火通明，茶香四溢，吸引着那些心怀忧愁或好奇之人前来。

一日，镇上一位名叫子轩的书生，因科举失利，心灰意冷，漫步于夜色之中，无意间被一阵奇异的茶香吸引，来到了幽冥茶舍前。他推开门，只见屋内陈设古朴，中央摆放着一张圆桌，桌上放着一壶热气腾腾的茶，茶香扑鼻，令人心旷神怡。

幽冥翁见子轩进来，微微一笑，示意他坐下。子轩心中疑惑，却也被茶香所诱，便坐在了圆桌旁。幽冥翁为他斟上一杯茶，说道："此茶名为'幽冥香'，能解人心之困，但亦能引出深藏之秘。你既已至此，便是与我有缘，不妨一试。"

子轩接过茶杯，轻抿一口，顿时觉得一股暖流涌入心田，心中的忧愁似乎被一扫而空。他放下茶杯，感激地看着幽冥翁，却发现自己眼前景象突然变幻，茶舍内竟出现了一位貌美如花的女子，正含情脉脉地看着他。

子轩惊讶之余，认出那女子正是他青梅竹马的恋人，因家族变故，二人被迫分离，女子更是下落不明。他心中激动，正欲上前，却听幽冥翁说道："此女子乃你心中所念，但已成过往。幽冥香能让你见到心中所想，却不能改变既定之事。记住，人生如茶，苦后回甘，需珍惜眼前。"

子轩闻言，心中豁然开朗，再看那女子，已化作一缕青烟，消散于空气之中。他明白，幽冥翁是在提醒他，过去的已经过去，重要的是要珍惜现在，展望未来。

自此之后，子轩重拾信心，刻苦攻读，终于在下一次科举中高中榜首，成为镇上人人称颂的才子。而幽冥茶舍，依旧在夜晚默默守候，等待着下一个有缘人的到来，用一壶壶"幽冥香"，为世间解忧，为心灵疗伤。

幽冥茶舍的故事，在雾隐镇流传了许久，成为了人们茶余饭后的谈资，也成为了那些心怀忧愁之人寻找慰藉的圣地。而幽冥翁，则永远守在那间茶舍内，用他的智慧和慈悲，为每一个有缘人，泡上一壶"幽冥香"。

CHAPTER 8: 荒山野鬼：幽冥之旅程

荒山野鬼：幽冥之旅程

Huāng Shān Yě Guǐ: Yōu Míng Zhī Lǚ Chéng

The Wild Ghosts of the Wilderness: A Journey into the Netherworld

在清朝末年，北方荒原深处，有一座人迹罕至的荒山，名为幽影山。山中古木参天，云雾缭绕，常有野兽出没，更传说夜间常有野鬼游荡，无人敢轻易涉足。然而，就在这座荒山之中，隐藏着一段不为人知的幽冥之旅程。

故事的主人公是一位名叫子墨的青年，他自幼父母双亡，由祖父抚养长大。祖父是一位学识渊博的老先生，常给子墨讲述各种奇闻异事，尤其是关于幽影山的传说，更是让他心生好奇。一日，祖父病重，临终前将一块古玉交给子墨，并告诉他："此玉乃家族传家宝，据说能指引人通往幽冥世界，解开一段尘封的秘密。但你须记住，幽冥之旅危险重重，非大智大勇之人不能胜任。"

子墨悲痛之余，决心完成祖父的遗愿，踏上寻找幽冥世界的旅程。他带着古玉，独自一人走进了幽影山。山中雾气弥漫，路径难辨，但子墨凭借着坚韧的意志，一步步深入。

一日夜晚，子墨在一处山洞中避雨，突然听见外面传来阵阵哭声，凄厉异常。他壮着胆子走出山洞，只见月光下，一群衣衫褴褛、面容凄苦的野鬼正围坐在篝火旁，哭泣不止。子墨心中惊惧，正欲转身离开，却被一位看似领头的野鬼叫住。

"壮士莫怕，我们虽是野鬼，却并无恶意。"那野鬼声音沙哑，但眼神中透露出一丝友善，"我们原是此地村民，因战乱和饥荒而死，灵魂无法安息，一直在山中徘徊。见你持有古玉，定非凡人，或许能帮我们解开幽冥之谜，让我们得以超度。"

子墨闻言，心中涌起一股豪情，决定帮助这些可怜的野鬼。他拿出古玉，只见玉中隐隐散发出幽光，指引着他们向深山腹地走去。经过一番艰难跋涉，他们终于来到一处隐秘的山洞，洞内有一汪幽深的泉水，泉水中央漂浮着一块巨大的黑石，石上刻着古老的符文。

"这便是幽冥之门。"领头的野鬼说道，"只有将古玉嵌入黑石之中，才能打开通往幽冥世界的通道。"

子墨按照野鬼的指示，将古玉嵌入黑石，只见光芒大盛，一条幽暗的通道在眼前缓缓展开。他们沿着通道前行，来到了一个光怪陆离的世界——幽冥界。

在幽冥界中，他们遇到了许多奇形怪状的鬼怪，也见识了生死轮回的奥秘。最终，在一位幽冥使者的帮助下，他们找到了那段尘封的秘密——原来，这些野鬼之所以无法安息，是因为他们生前曾犯下过错，未能得到原谅。而现在，子墨和野鬼们一起，向幽冥界的审判者祈求宽恕，最终，野鬼们得以超度，重获新生。

子墨完成任务后，带着对幽冥世界的敬畏和对生命的深刻理解，回到了人间。他将这段经历记录下来，成为了家族中代代相传的传奇故事。而幽影山，也因为这段幽冥之旅程，变得更加神秘莫测，引人遐想。

CHAPTER 9: 狐仙之约：幽冥前世盟

狐仙之约：幽冥前世盟

Húxiān zhī Yuē: Yōumíng Qiánshì Méng

English Title: The Fox Spirit's Pact: An Ancient Oath in the Underworld

在清朝末年，江南水乡有一座古老的小镇，名曰柳溪镇。镇上流传着诸多关于狐仙的传说，人们夜间行走时，常能听到林间传来幽怨的笛声，那是狐仙们在月下嬉戏，或是寻觅着前世的情缘。

柳溪镇东头，住着一位名叫苏墨的年轻书生，他自幼丧父，与体弱多病的母亲相依为命。苏墨性情温和，才情出众，却因家境贫寒，未能科举高中，只能在镇上的私塾里教书为生。每当夜深人静，他便挑灯苦读，希望有朝一日能金榜题名，光宗耀祖。

一日黄昏，苏墨散步至郊外，忽闻一阵清越的琴声自林中传来，宛如天籁，引人入胜。他循声而去，穿过一片密林，来到了一座荒废的古庙前。月光下，只见一位身着白衣，头戴珠翠的女子正坐于庙前，手指轻拨琴弦，那女子容颜绝美，宛若仙子下凡。

苏墨被眼前景象深深吸引，不觉走近，轻声问道："请问姑娘，此为何曲？竟如此动人心魄。"

女子抬头，目光如水，微微一笑，道："此乃《幽兰操》，公子可知，吾乃狐仙一族，名唤雪凝。今夜偶遇，实乃前缘未了。"

苏墨闻言，心中虽有惊异，却也不失礼数，道："原来是狐仙大人，小生苏墨，有礼了。不知前世有何因缘，能与仙子相遇？"

雪凝轻轻摇头，眼中闪过一丝哀愁："前世之事，难以尽言。只记得你我曾有过一段未了的情缘，相约此生再续。今夜，便是你我重逢之时。"

苏墨听后，心中涌起一股莫名的情愫，仿佛真的在记忆中寻到了些许片段，却又模糊不清。他望着雪凝，道："若真如此，小生愿与仙子共赴这段前缘。"

自那夜起，苏墨与雪凝常于夜深人静时相会于古庙，或谈诗论文，或共赏月色，感情日渐深厚。然而，人狐殊途，这段情缘注定不为世俗所容。镇上开始流传起关于苏墨与狐仙相恋的流言蜚语，甚至有人夜半时分窥见古庙前有狐影闪烁，惊恐不已。

苏墨的母亲得知此事后，忧心忡忡，她深知人狐相恋的后果，劝苏墨断了这段情缘。苏墨虽心如刀割，却也无奈，决定与雪凝做最后的告别。

那一夜，月华如练，古庙前，苏墨与雪凝相对而坐，两人皆沉默不语，似有千言万语，却不知从何说起。

最终，还是雪凝打破了沉默："苏郎，你我情缘已尽，勿需再续。只愿来生，你我皆为凡人，再续前缘。"

苏墨泪眼婆娑，道："雪凝，此生虽不能相守，但我的心，永远有你。愿你安好，来生再见。"

说罢，两人相视一笑，各自转身离去。从此，柳溪镇再无人见过雪凝的身影，而苏墨则终日埋头苦读，终于在次年科举中高中进士，衣锦还乡。

然而，每当夜深人静，苏墨总会独自来到那座古庙前，望着那轮明月，心中默默祈祷："雪凝，你是否也在另一个世界，望着同样的月亮，思念着我？"

这段人狐情缘，最终化作了柳溪镇上一个美丽的传说，流传至今，人们提起时，总会感叹一句："问世间情为何物，直教人生死相许。"

此故事仿照《聊斋志异》的风格，讲述了一段跨越前世今生的人狐情缘，既有奇幻色彩，又蕴含了深刻的情感哲理。

CHAPTER 10: 古镜照心：幽冥人心透

古镜照心：幽冥人心透

Gǔ Jìng Zhào Xīn: Yōumíng Rénxīn Tòu

English Title: The Ancient Mirror Reflects the Heart: Penetrating the Shadows and Human Intentions

在清朝中期，江南的一座小镇上，流传着一件神秘的古镜。此镜名为"幽冥透心镜"，相传能照见人心最深处的秘密与欲望，甚至能映照出幽冥之界的景象。然而，此镜也因其神秘力量，被视为不祥之物，被深锁于镇西一座荒废的古宅之中。

镇上住着一位名叫苏逸的年轻书生，他自幼便对世间奇闻异事充满好奇。一日，他在镇上的古籍铺中，偶然翻阅到一本关于幽冥透心镜的记载，心中顿时燃起了探索的欲望。于是，他决定寻找此镜，一窥其奥秘。

经过多番打听与探寻，苏逸终于找到了那座荒废的古宅。古宅大门紧闭，周围杂草丛生，显得格外阴森。他鼓起勇气，推开沉重的大门，踏入了这座被遗忘的世界。

在古宅的深处，苏逸终于见到了那面传说中的幽冥透心镜。镜子被安置在一座破败的神龛上，镜面虽已斑驳，但仍散发着幽幽的光芒。他小心翼翼地靠近，心中既兴奋又紧张。

当他轻轻触摸到镜面的那一刻，一股奇异的力量瞬间涌入他的身体。他仿佛被吸入了一个另一个世界，眼前出现了种种奇异的景象：有的是他内心深处的渴望与恐惧，有的是镇上居民不为人知的秘密，更有幽冥之界那些飘渺的身影与哀怨的哭泣。

在这股力量的驱使下，苏逸开始逐渐理解到人心的复杂与深邃。他看到，即便是平日里最和蔼可亲的人，心中也可能藏着难以言说的阴暗；而那些看似凶恶之人，或许也有着不为人知的善良与温情。

然而，这股力量也让他陷入了深深的困惑与痛苦之中。他看到了自己的欲望与弱点，那些他曾试图掩藏与逃避的东西，在镜中无所遁形。他开始质疑自己的存在与意义，甚至产生了放弃一切的念头。

就在这时，镜中突然出现了一个模糊的身影。那是一位年迈的老者，面容慈祥，眼中闪烁着智慧的光芒。老者缓缓开口，声音仿佛穿越了时空："孩子，人心如镜，既可映照万物，亦能映照自身。但镜中之物，终非真实。唯有面对与接纳，方能真正成长。"

苏逸恍然大悟，他明白了老者的意思。他开始尝试着去接纳自己的不完美与缺陷，去理解与包容他人的不同与过错。他学会了用更加宽容与慈悲的心态去看待这个世界与周围的人。

当他再次触摸到镜面的那一刻，那股奇异的力量逐渐消散。他回到了现实世界，古宅与镜子也仿佛从未存在过一般。但苏逸知道，他已经不再是原来的自己。他变得更加坚强与勇敢，也更加懂得珍惜与感恩。

从此，苏逸成为了一个更加出色的人。他用自己的行动去影响与改变着周围的人与事。而那面幽冥透心镜的传说，也随着时间的流逝，逐渐被人们淡忘。但苏逸知道，那面镜子永远在他的心中照耀着，提醒着他要时刻保持一颗纯净与善良的心。

此故事仿照《聊斋志异》的风格，讲述了一位年轻书生通过一面神秘古镜，窥见了人心的复杂与深邃，并在一位老者的指引下，学会了面对与接纳自己的不完美与缺陷，从而获得了成长与蜕变。

CHAPTER 11: 幽冥书生：幽冥才情展

幽冥书生：幽冥才情展

Yōumíng Shūshēng: Yōumíng Cáiqíng Zhǎn

English Title: The Scholar of the Underworld: Unfolding Talents in the Shadow Realm

在清朝末年，江南水乡的一座小镇上，流传着一个关于幽冥书生的传说。这位书生名叫墨轩，生前才华横溢，却因一场冤案，含冤而死，灵魂徘徊于人间与幽冥之间，未能安息。

Yōumíng Shūshēng: Yōumíng Cáiqíng Zhǎn

墨轩生前，是镇上远近闻名的才子，琴棋书画样样精通，更写得一手好诗文，令人叹为观止。然而，天妒英才，一场突如其来的冤案，将他卷入了一场无妄之灾。他被指控为盗取官府库银的主犯，尽管他百般辩解，却终究难逃一死，被判处斩首示众。

死后，墨轩的灵魂并未立即进入幽冥之界，而是因心中冤屈未雪，灵魂徘徊于人间。每当夜深人静，月光洒满大地之时，他便会现身，以笔墨为伴，将心中的才情与冤屈，化作一篇篇感人肺腑的诗篇与文章，流传于世。

镇上的人们，起初对这些突然出现的诗文感到惊奇与不解。但随着时间的推移，他们开始意识到，这些诗文不仅文采斐然，更蕴含着深深的情感与智慧，仿佛能穿透人心，直击灵魂。于是，他们开始将这些诗文视为珍宝，争相传阅。

然而，墨轩的现身，也引起了幽冥之界的不满。幽冥界认为，人死后应安息于幽冥，不应再插手人间之事。于是，幽冥界的使者，开始频频现身，试图将墨轩的灵魂带回幽冥。

但墨轩心中冤屈未了，他不愿就这样不明不白地离开人间。于是，他开始与幽冥界的使者展开了激烈的较量。他以才情为武器，用诗文与智慧，一次次地击败了幽冥界的使者，守护着自己的灵魂与心中的正义。

这场较量，持续了整整三年。在这三年里，墨轩的诗文不仅流传得更广，更激发了许多人心中的正义与勇气。他们开始为墨轩的冤案奔走呼号，试图为他洗清冤屈。

终于，在第三年的中秋之夜，当一轮明月高悬天际之时，墨轩的冤屈得到了昭雪。原来，真正的盗银主犯早已落网，墨轩的冤情得以大白于天下。而墨轩的灵魂，也在这一刻，得到了真正的解脱与安息。

从此，墨轩的名字与诗文，成为了镇上人们口耳相传的佳话。每当夜深人静之时，人们总会想起那位才华横溢的幽冥书生，以及他那感人至深的诗文与不屈不挠的精神。而墨轩的灵魂，也终于在幽冥之界找到了属于自己的归宿，与那些同样才华横溢的亡灵们，共同守护着那片属于他们的世界。

此故事仿照《聊斋志异》的风格，讲述了一位才华横溢却含冤而死的书生，如何在幽冥与人间之间，以才情为武器，守护着自己的灵魂与心中的正义，最终得以昭雪冤屈，安息于幽冥之界的故事。

CHAPTER 12: 梦回鬼域行

梦回鬼域行

Mèng Huí Guǐ Yù Xíng

English Title: Journey Back to the Realm of Ghosts

在清朝末年，江南水乡的一座古老小镇上，流传着一个关于梦回鬼域的故事。故事的主人公是一位名叫云逸的年轻书生，他自幼便对世间奇闻异事充满好奇，尤其痴迷于鬼怪之说。

Mèng Huí Guǐ Yù Xíng

云逸家境贫寒，却志向高远，希望通过科举考试改变命运。然而，命运似乎总与他开玩笑，多次科举均未中榜，让他心灰意冷。一日夜晚，云逸在书房中埋头苦读，突然一阵倦意袭来，他不知不觉间伏案而睡。

睡梦中，云逸仿佛穿越到了一个奇异的世界。这个世界阴森恐怖，四周弥漫着浓重的雾气，空气中弥漫着腐朽与死亡的气息。他惊讶地发现，自己竟然来到了传说中的鬼域。

在鬼域中，云逸遇到了形形色色的鬼怪。有的鬼怪面目狰狞，令人毛骨悚然；有的则温文尔雅，宛如书生。他们或行色匆匆，或闲庭信步，仿佛各自有着自己的使命与故事。

云逸在鬼域中游荡，心中既惊又奇。他试图与这些鬼怪交流，却发现他们虽然形态各异，但都有着与人相似的情感与思想。他们谈论着生前的经历，诉说着死后的遭遇，以及对人间的眷恋与不舍。

在鬼域中，云逸还遇到了一位名叫幽兰的女鬼。幽兰生前是一位才情出众的女子，因家道中落，被迫沦为风尘女子。她心中充满了对命运的无奈与不甘，死后灵魂未能安息，一直在鬼域中徘徊。

幽兰见到云逸，仿佛看到了人间的希望与温暖。她向云逸倾诉了自己的遭遇，并请求他帮助自己完成一个心愿。原来，幽兰生前曾有一位青梅竹马的爱人，名叫子轩。两人情投意合，却因家庭变故被迫分离。幽兰死后，一直希望能再见子轩一面，告诉他自己的心意与遗憾。

云逸被幽兰的真情所打动，决定帮助她完成心愿。他通过一种神秘的法术，与幽兰的灵魂相连，共同回到了人间。然而，人间与鬼域之间隔着一条无法逾越的鸿沟，云逸与幽兰只能在子轩的梦中相见。

在梦中，幽兰终于见到了日思夜想的子轩。她泪如雨下，向子轩诉说了自己的遭遇与心意。子轩听后，悲痛欲绝，他发誓要为幽兰洗清冤屈，让她在冥界得以安息。

云逸见证了这段跨越生死的爱情，心中感慨万千。他意识到，无论是人间还是鬼域，情感与爱情都是最真挚与宝贵的。他决定放弃科举考试，转而投身于写作，将这段奇异的经历与感人的爱情故事记录下来，流传于世。

从此，云逸成为了一位著名的文学家，他的作品深受人们喜爱。而他与幽兰、子轩之间的故事，也成为了人们口中传颂的佳话。每当夜深人静之时，人们总会想起那位勇敢的书生与那位痴情的女鬼，以及他们之间那段跨越生死、感人至深的爱情故事。

此故事仿照《聊斋志异》的风格，讲述了一位年轻书生云逸在梦中穿越到鬼域，遇到女鬼幽兰，并帮助她完成心愿的奇异经历。通过这段经历，云逸深刻体会到了情感与爱情的真挚与宝贵，最终放弃科举，投身于文学创作，将这段故事流传于世。

CHAPTER 13: 幽冥琴音：月下幽冥思

《幽冥琴音：月下幽冥思》

Yōumíng Qínyīn: Yuèxià Yōumíng Sī

English Title: Ethereal Strings: Moonlit Thoughts from the Netherworld

在古老的江南水乡，有一座被岁月遗忘的小镇，镇上流传着一个关于《幽冥琴音》的传奇故事。故事发生在清朝末年，那时的月光似乎比现在更加皎洁，夜色中也更加神秘莫测。

镇上有一座废弃的古宅，名曰"幽兰居"，据说其前任主人是一位才情横溢却命运多舛的女琴师，名叫苏婉晴。苏婉晴自幼便对古琴有着不解之缘，她的琴音能引鸟驻足，令风驻足，更能让听者忘却尘世烦恼，心随琴音飘向九霄云外。然而，红颜薄命，苏婉晴在如花似玉的年华里，因一场突如其来的疾病香消玉殒，留下了一架陪伴她多年的古琴，以及一段未了的情缘。

自苏婉晴去世后，每当月圆之夜，幽兰居内便会隐约传来阵阵琴音，清幽而哀怨，如同泣诉着未竟的相思。镇上的居民对此议论纷纷，有人说那是苏婉晴的魂魄未散，仍在弹奏着她最爱的曲子；也有人说，那是她生前未了的心愿，化作琴音在月下寻找着某种慰藉。

一日，镇上新来了一位年轻的书生，名曰云飞扬。云飞扬自幼饱读诗书，对音律也颇有研究，他听闻此事，心中充满了好奇与向往。月圆之夜，他独自一人悄悄来到幽兰居，想要一探究竟。

夜色如墨，月光如洗，云飞扬踏入古宅的那一刻，一阵冷风吹过，他不禁打了个寒颤。就在这时，一阵悠扬的琴声随风飘来，那声音仿佛穿透了时空，直击他的心灵深处。云飞扬循声而去，发现琴声竟来自那架尘封已久的古琴。

他轻轻走近，只见古琴之上，似乎还残留着苏婉晴的余温，那琴弦在无人拨动的情况下，自行跳跃着，弹奏出一曲又一曲令人心醉的旋律。云飞扬被这琴声深深吸引，他仿佛看到了苏婉晴的倩影在月光下翩翩起舞，又仿佛听到了她内心深处的低语。

那一刻，云飞扬明白了，这《幽冥琴音》不仅仅是苏婉晴对尘世的留恋，更是她对美好情感的渴望与追忆。他决定用自己的方式，回应这份跨越生死的情谊。于是，他取出随身携带的玉笛，与古琴合奏起来。

笛音与琴声交织在一起，时而激昂，时而缠绵，仿佛是在诉说着一段跨越时空的爱情故事。随着乐声的起伏，云飞扬仿佛看到了苏婉晴脸上的笑容，那是她生前从未有过的幸福与满足。

那一夜，幽兰居内的琴音与笛声久久回荡，直到天边泛起了鱼肚白。从此以后，每当月圆之夜，幽兰居内再无琴音响起，但镇上的人们都说，那是因为苏婉晴终于找到了心灵的归宿，与云飞扬一同在另一个世界续写着属于他们的传奇。

而云飞扬，也在那一夜之后，仿佛变了一个人，他变得更加珍惜眼前的美好，也更加相信世间存在着超越生死的情感。每当他仰望星空，心中总会涌起一股莫名的感动，那是对《幽冥琴音：月下幽冥思》最美好的记忆与怀念。

CHAPTER 14: 古宅迷情：爱恨幽冥结

《古宅迷情：爱恨幽冥结》

Gǔzhái Míqíng: Àihèn Yōumíng Jié

English Title: Enchanted Ancestral Mansion: A Bond of Love and Hate in the Netherworld

在清朝末年，江南水乡深处，隐藏着一座年代久远的古宅，名为"云隐轩"。云隐轩虽历经风雨侵蚀，却依然保持着古朴典雅的风貌，仿佛是岁月静好的见证者。然而，古宅之内，却流传着一段不为人知的秘密，一段爱恨交织、跨越生死的传奇故事。

故事的主人公，乃是一位名叫云裳的女子，她生得如花似玉，才情出众，自幼便与云隐轩的少主人陆逸青梅竹马，两小无猜。然而，命运弄人，就在两人即将私定终身之际，一场突如其来的家族变故，将陆逸卷入了一场无情的权力斗争之中，他被迫离开了云隐轩，远走他乡。

云裳痛不欲生，她坚信陆逸定会归来，于是日日夜夜在云隐轩内守候，等待着那个熟悉的身影。然而，岁月流转，陆逸却始终未归，云裳因思念成疾，最终含恨而终，其魂魄化为一道幽影，徘徊在云隐轩内，不愿离去。

自云裳去世后，云隐轩内便开始怪事连连。每当夜深人静之时，古宅内便会传来阵阵琴声，那声音时而缠绵悱恻，时而凄厉哀怨，仿佛在诉说着云裳心中的爱恨情仇。镇上的人们对此议论纷纷，有人说那是云裳的魂魄在寻找陆逸的踪迹，也有人说那是她未了的心愿，化作琴声在夜空中回荡。

一日，一位名叫苏墨的年轻书生，因避雨误入云隐轩。他听闻此事，心中充满了好奇与同情，决定留下来一探究竟。夜幕降临，苏墨独自一人漫步在古宅之中，突然，一阵琴声传来，那声音如此熟悉，仿佛触动了他内心深处的某根弦。

他循声而去，只见月光下，一位身着古装的女子正静静地坐在古琴前，手指轻拨琴弦，那琴声正是他之前所闻。苏墨惊讶之余，上前搭话，却发现那女子仿佛看不见他一般，只是自顾自地弹奏着。

就在这时，一阵风吹过，女子的身影突然变得模糊，化作一道幽光，消失在了夜色之中。苏墨心中一惊，意识到这女子便是云裳的魂魄。他决心要帮助云裳完成心愿，找到陆逸的下落。

经过多方打听，苏墨终于得知陆逸因家族变故，流落至北方，成为了一名商贾。他立刻启程北上，历经千辛万苦，终于找到了陆逸。然而，此时的陆逸已不再是当年那个意气风发的少年，他因家族的背叛和岁月的磨砺，变得心灰意冷，对过去的一切都已释怀。

苏墨将云裳的故事告诉陆逸，陆逸听后，心中涌起一股莫名的情感。他决定跟随苏墨回到云隐轩，去看看那个曾经让他魂牵梦绕的女子。

当陆逸踏入云隐轩的那一刻，一阵熟悉的琴声再次响起。他循声而去，只见月光下，云裳的魂魄正静静地等待着他的到来。两人四目相对，仿佛穿越了时空的阻隔，回到了那段青涩的岁月。

陆逸向云裳表达了自己的歉意和思念，云裳听后，泪水夺眶而出。她告诉陆逸，自己一直在这里等待着他，希望他能回到自己身边。然而，此时的陆逸已明白，人鬼殊途，他们之间的爱情注定无法圆满。

为了解云裳的心结，陆逸决定在云隐轩内举行一场特殊的仪式，以超度她的魂魄。仪式之夜，月华如练，云裳的魂魄在陆逸的呼唤下，缓缓升空，化作一道璀璨的光芒，消失在了夜空之中。

从此以后，云隐轩内再无琴声响起，但镇上的人们都说，那是云裳终于放下了心中的爱恨情仇，得到了解脱。而陆逸，也在经历了这一切后，变得更加珍惜眼前的幸福，他决定留在云隐轩，守护着这段跨越生死的爱情传奇。

每当夜深人静之时，陆逸总会独自坐在古琴前，弹奏着那首熟悉的曲子，仿佛在诉说着他对云裳的无尽思念。而云裳的魂魄，或许正在某个角落，静静地聆听着这首属于他们的曲子，感受着那份跨越时空的情感纽带。

CHAPTER 15: 幽冥剑影：幽冥之战歌

《幽冥剑影：幽冥之战歌》

Yōumíng Jiànyǐng: Yōumíng Zhī Zhàngē

English Title: Shadow of the Netherworld Sword: Battle Song of the Underworld

在清朝末年，江南的一座偏远小镇上，有一座被云雾缭绕的古老山峦，山中隐藏着一座神秘的古墓，名曰"幽冥陵"。幽冥陵内藏有无数珍宝，更有一把传说中的幽冥剑，据说此剑威力无穷，能斩妖除魔，亦能开启幽冥之门，沟通阴阳两界。

然而，幽冥剑亦是双刃剑，其强大的力量亦能引来无数妖魔觊觎。为了防止幽冥剑落入恶人之手，古墓的守护者，一位名叫云无痕的剑客，自愿化身为幽冥陵的守护灵，与幽冥剑一同沉睡于古墓之中，守护着这份力量。

岁月流转，百年之后，小镇上开始流传起关于幽冥剑的传说，许多贪婪之人纷纷前来探寻古墓，企图获得幽冥剑的力量。然而，每当夜幕降临，那些心怀不轨之人便会在山中迷失方向，再也无法找回归途，仿佛被一股神秘的力量所吞噬。

一日，一位名叫风无痕的年轻剑客，因追寻师门遗训，踏上了寻找幽冥剑的旅程。他听闻此事，心中充满了好奇与敬畏，决定亲自前往幽冥陵，探寻真相。

夜幕降临，风无痕独自一人踏入山中，只见云雾缭绕，月色朦胧，仿佛置身于另一个世界。他沿着蜿蜒的山路前行，不久便来到了幽冥陵的入口。只见古墓前，一座巨大的石碑耸立，上面刻着古老的符文，散发着幽幽的光芒。

风无痕深吸一口气，正要踏入古墓，突然，一阵剑鸣声传来，紧接着，一道幽影从古墓中飞出，直取他的要害。风无痕身形一闪，躲过了这一击，定睛一看，只见一位身着古装，手持长剑的剑客正站在他面前，正是古墓的守护灵，云无痕。

云无痕目光如炬，语气冰冷："何人胆敢擅闯幽冥陵？"

风无痕连忙拱手道："在下风无痕，因追寻师门遗训，特来寻找幽冥剑。"

云无痕闻言，眉头微皱："幽冥剑乃双刃剑，力量强大，亦能引来灾祸。你可知其中利害？"

风无痕坚定地点了点头："在下明白，但师门有训，幽冥剑乃镇压妖魔之关键，若落入恶人之手，后果不堪设想。因此，在下必须找到它。"

云无痕听后，沉默片刻，似乎被风无痕的坚定所打动。他缓缓收起长剑，道："既然你如此执着，我便给你一个机会。但你必须通过我的考验，方能见到幽冥剑。"

风无痕闻言，心中一喜，连忙点头答应。

接下来的几天里，风无痕在云无痕的带领下，经历了种种考验，从武艺的较量到心智的磨砺，每一步都充满了艰辛与挑战。然而，风无痕凭借着坚韧不拔的意志和出色的剑术，一一克服了困难。

终于，在一个月圆之夜，风无痕来到了幽冥陵的最深处，只见一把散发着幽幽光芒的长剑静静地躺在石台上，正是传说中的幽冥剑。

风无痕正要上前取剑，突然，一阵低沉的咆哮声传来，紧接着，一只巨大的妖魔从黑暗中冲出，直取他的性命。原来，这只妖魔一直觊觎着幽冥剑的力量，趁着风无痕取剑之际，企图趁机夺取。

风无痕冷哼一声，拔出腰间的长剑，与妖魔展开了激战。然而，妖魔力量强大，风无痕渐渐落入下风。就在这时，云无痕突然出现，他手持幽冥剑，与风无痕并肩作战，共同对抗妖魔。

经过一番激战，云无痕与风无痕终于将妖魔斩杀。战斗结束后，云无痕将幽冥剑交给了风无痕，道："你通过了考验，这把剑现在属于你了。但记住，幽冥剑的力量强大，亦需谨慎使用。"

风无痕接过幽冥剑，心中充满了感激与敬畏。他向云无痕深深鞠了一躬，道："多谢前辈指点，在下定不辱使命，将幽冥剑用于正道。"

从此，风无痕带着幽冥剑，踏上了斩妖除魔的旅程。而云无痕，则继续守护着幽冥陵，等待着下一个有缘人的到来。每当夜幕降临，幽冥陵内便会传来阵阵剑鸣声，仿佛在诉说着这段传奇的故事。

这便是《幽冥剑影：幽冥之战歌》的传说，一段关于勇气、智慧与牺牲的传奇故事，它将在江南的山水间，永远流传下去。

CHAPTER 16: 黄泉路畔人

《黄泉路畔人》

Huángquán Lù Pàn Rén

English Title: The Person by the Yellow Springs Path

在清朝末年，江南水乡深处，有一座古老而宁静的小镇，名为柳河镇。镇上流传着一个关于黄泉路畔人的神秘传说，每当夜幕降临，便有人声称在镇外的荒野上，见到过一个身着古装，面容模糊的人影，在一条幽暗的小径上徘徊，那条小径，便是传说中的黄泉路。

镇上的人们对黄泉路畔人充满了好奇与恐惧，有人说那是迷路的鬼魂，也有人说那是生前未能了结心愿的亡魂，徘徊在人间与地府之间，寻找着归途。然而，真相究竟如何，却无人知晓。

一日，镇上的一位年轻书生，名叫林逸，因好奇心的驱使，决定亲自探寻黄泉路畔人的真相。夜幕降临，林逸独自一人来到镇外的荒野，只见月色朦胧，风声呼啸，仿佛置身于另一个世界。

他沿着一条蜿蜒的小径前行，不久便来到了一片荒凉之地，只见前方有一条幽暗的小径，两旁是密布的荒草，正是传说中的黄泉路。林逸心中一阵紧张，但好奇心驱使着他继续前行。

就在这时，一阵低沉的哭泣声传来，林逸循声而去，只见一个身着古装，面容模糊的人影正蹲在小径旁，哭泣着。林逸心中一惊，难道这就是传说中的黄泉路畔人？

他小心翼翼地走近，轻声问道："请问，你是何人？为何在此哭泣？"

那人影抬起头，泪眼婆娑地看着林逸，声音哽咽道："我乃镇上赵家之女，名叫赵婉儿，因生前未能与心爱之人相守，心中怨恨难平，死后魂魄未能安息，便徘徊于此，寻找着归途。"

林逸闻言，心中一阵唏嘘，他安慰道："赵姑娘，生死有命，富贵在天，你既然已死，便应放下心中执念，前往地府安息。"

赵婉儿闻言，泪水再次夺眶而出："我虽知生死有命，但心中怨恨难消，只求你能帮我完成一个心愿，让我得以安息。"

林逸问道："是何心愿？"

赵婉儿道："我生前曾与心爱之人约定，要在柳河镇的桃花树下重逢，然而，我死后他却未能如约而至。我只希望你能代我去那桃花树下，告诉他，我一直在等他，希望他能放下心中执念，好好生活。"

林逸闻言，心中涌起一股莫名的情感，他点头答应，决定帮助赵婉儿完成心愿。

次日清晨，林逸来到柳河镇的桃花树下，只见桃花盛开，美不胜收。他按照赵婉儿的描述，将她的心意转达给了那位心爱之人。那位心爱之人听后，泪流满面，原来他一直在寻找赵婉儿的踪迹，却因种种原因未能如愿。

他对着桃花树下的空气，深情地说道："婉儿，你在天之灵，一定要安息。我会按照你的意愿，好好生活下去。"

自那以后，黄泉路畔人的身影再也没有出现过。镇上的人们都说，那是赵婉儿的魂魄终于得以安息，前往了地府。而林逸，也因这次经历，对生死有了更深刻的理解，他更加珍惜眼前的幸福，努力活出了自己的精彩人生。

这便是《黄泉路畔人》的传说，一段关于生死、爱情与释怀的传奇故事，它将在柳河镇的山水间，永远流传下去。

CHAPTER 17: 幽冥学府：幽冥才子秀

《幽冥学府：幽冥才子秀》

Yōumíng Xuéfǔ: Yōumíng Cáizǐ Xiù

Phantom Academy: The Talent Showcase of the Netherworld

在清朝末年，江南水乡有一座废弃的古宅，名曰"幽兰阁"。此阁年久失修，夜幕降临后，常有阴森之气缭绕，村中老少皆避之不及，传言其中藏有幽冥学府之秘。

一日，村中一位名叫赵逸的少年，因家境贫寒，夜读至深夜，烛火微弱，不觉间迷了路，误入幽兰阁内。阁内布局错落有致，却无一盏灯火，唯有月光透过破败的窗棂，斑驳地洒在青石板上。赵逸心中虽惧，但求学之心炽热，遂壮胆前行，欲探个究竟。

行至深处，忽闻朗朗读书声，清脆悦耳，不似人间之音。循声而去，赵逸惊见一庭院，院中有一座古朴的书院，灯火通明，众多身着古装、面容俊逸的青年正围坐研读，气氛肃穆而热烈。他心中暗想："此必是幽冥学府，吾辈读书人若能得此良机，何愁功名不就？"

正当赵逸欲上前请教之时，一位身着青衫、手持折扇的青年缓步而出，其貌若潘安，才情四溢，自报家门道："吾乃幽冥学府之学子，名曰墨轩。闻君好学不倦，特来相邀，共赴幽冥才子秀。"

赵逸闻言，心中虽有疑虑，却也难掩好奇与激动，随墨轩步入书院。只见四壁皆书，架上典籍琳琅满目，皆是人间未见之珍本。墨轩引领赵逸至一席之地，递上一卷古籍，道："此乃《幽冥文集》，内藏天地至理，人间难寻。今夜，吾等将以文会友，一较高下。"

随着墨轩一声令下，众学子或吟诗作对，或挥毫泼墨，文采飞扬，各显神通。赵逸亦不甘示弱，提笔而就，一篇《月夜抒怀》洋洋洒洒，情感真挚，意境深远，引得众人侧目。

及至夜深，才子秀终，墨轩赞许道："君之才情，实乃人间罕见，即便幽冥之中，亦难寻敌手。今夜一聚，缘分使然，愿君前程似锦，勿忘初心。"

言罢，赵逸忽觉一阵眩晕，待他醒来，已身处村口，月光如水，四周静谧如初。手中紧握的《幽冥文集》却赫然在目，仿佛一切并非梦境。

自此以后，赵逸文思泉涌，科举之路一帆风顺，终成一代名儒。而每当夜深人静，他总会想起那座幽冥学府，以及那些才华横溢的幽冥才子，心中充满了无尽的感激与怀念。

赵逸晚年，常对子孙讲述这段奇遇，告诫他们："学问之道，无有止境，即便幽冥之中，亦有高人辈出。吾辈当勤勉不息，方不负此生。"

故事传颂至今，幽冥学府与幽冥才子秀，成为了村中老少口耳相传的佳话，激励着一代又一代的读书人，追求学问的真谛，探索未知的奥秘。

CHAPTER 18: 幽冥舞者：幽冥月下舞

《幽冥舞者：幽冥月下舞》

Yōumíng Wǔzhě: Yōumíng Yuèxià Wǔ

Phantom Dancer: The Dance Under the Moonlight of the Netherworld

在清朝末年，江南的一座偏远小镇上，流传着一个关于幽冥舞者的传说。小镇边缘，有一片被茂密竹林环绕的荒废古宅，名曰"月影轩"。每当月圆之夜，古宅内便会传出悠扬而凄美的乐曲，伴随着轻盈的舞步声，仿佛有仙子在月下翩翩起舞，却又无人能窥其真容。

镇上的人们对这神秘的舞蹈既敬畏又好奇，纷纷传言那是幽冥世界的舞者，因眷恋人间月色，于夜深人静之时，偷偷来到此地，以舞寄情，抒发对尘世的无尽思念。

一日，镇上一位名叫云裳的少女，因好奇心的驱使，决定在月圆之夜，悄悄潜入月影轩，一探究竟。云裳自幼喜爱舞蹈，对那传说中的幽冥之舞更是充满了向往。

夜深人静，月华如练，云裳身着轻纱，悄无声息地穿过了竹林，来到了月影轩前。只见古宅大门紧闭，门缝中透出微弱的光线，伴随着那熟悉的乐声，她小心翼翼地推开了门。

门内，是一个宽敞的庭院，月光洒满一地银霜，中央有一位身着白纱的女子，正随着乐曲翩翩起舞。她的舞姿轻盈而优雅，每一个动作都仿佛在诉说着一段遥远而凄美的故事。云裳看得如痴如醉，不知不觉间，也跟着音乐，轻轻地跳了起来。

一曲终了，那幽冥舞者缓缓转身，目光如炬，仿佛能洞察人心。她微微一笑，对云裳说道："你终于来了，我一直在等你。"云裳惊讶之余，更多的是不解："你是谁？为何在这里跳舞？又为何等我？"

幽冥舞者轻叹一声，道出了自己的身世。原来，她曾是月影轩的主人，一位才华横溢的舞姬，因一次意外，香消玉殒，灵魂却未能离开此地，只能在月圆之夜，以舞寄情，抒发对尘世的眷恋。而她等待的，正是像云裳这样，能够真正理解她舞蹈中情感的人。

"你既有此天赋，何不随我一起，将这份舞蹈传承下去？"幽冥舞者向云裳发出了邀请。云裳心中虽有恐惧，但更多的是对舞蹈的热爱和对幽冥舞者遭遇的同情，于是她毅然答应了。

从此，每到月圆之夜，云裳都会来到月影轩，与幽冥舞者一同起舞。她们的舞蹈，渐渐地吸引了镇上的居民，大家开始相信，那传说中的幽冥舞者，并非恶灵，而是对舞蹈有着无尽热爱的灵魂。

随着时间的流逝，云裳的舞蹈技艺日益精进，她开始在镇上教授舞蹈，将幽冥舞者的舞蹈与自己的理解相融合，创造出了一种全新的舞蹈风格，深受人们的喜爱。

而每当夜深人静，云裳总会想起那位幽冥舞者，以及那段在月下共舞的时光。她知道，虽然她们来自不同的世界，但对舞蹈的热爱和追求，却让她们的心灵紧密相连。

幽冥舞者，成为了云裳心中永远的传奇，而那段在幽冥月下起舞的时光，也成为了她一生中最宝贵的回忆。

Milton Keynes UK
Ingram Content Group UK Ltd.
UKHW051834231024
450027UK00011B/99